BEI GRIN MACHT SICH IHR WISSEN BEZAHLT

- Wir veröffentlichen Ihre Hausarbeit,
  Bachelor- und Masterarbeit

- Ihr eigenes eBook und Buch -
  weltweit in allen wichtigen Shops

- Verdienen Sie an jedem Verkauf

Jetzt bei www.GRIN.com hochladen
und kostenlos publizieren

Bibliografische Information der Deutschen Nationalbibliothek:

Die Deutsche Bibliothek verzeichnet diese Publikation in der Deutschen National-bibliografie; detaillierte bibliografische Daten sind im Internet über http://dnb.d-nb.de/ abrufbar.

Impressum:

Copyright © 2019 GRIN Verlag
Druck und Bindung: Books on Demand GmbH, Norderstedt Germany
ISBN: 9783668947344

Dieses Buch bei GRIN:

https://www.grin.com/document/484044

Anonym

Erwachsenenlernen. Lernstile nach Kolb, innerer Monolog, geschlechtsspezifische Lernstile, Persönlichkeit des Verfassers und Unterschiede zwischen Lernen und Bildung

GRIN Verlag

GRIN - Your knowledge has value

Der GRIN Verlag publiziert seit 1998 wissenschaftliche Arbeiten von Studenten, Hochschullehrern und anderen Akademikern als eBook und gedrucktes Buch. Die Verlagswebsite www.grin.com ist die ideale Plattform zur Veröffentlichung von Hausarbeiten, Abschlussarbeiten, wissenschaftlichen Aufsätzen, Dissertationen und Fachbüchern.

Besuchen Sie uns im Internet:

http://www.grin.com/

http://www.facebook.com/grincom

http://www.twitter.com/grin_com

Deckblatt für Einsendearbeiten im Fernstudiengang „Erwachsenenbildung"

Einsendeaufgaben zum Modul EB 0300
„Erwachsenenlernen"

Studienbriefe:

EB 0310: Menschenbild und Bildungsanspruch (Siebert)

EB 0320: Lernen im Lebenslauf (Siebert/Seidel)

EB 0330: Lernstile und Lernschwierigkeiten (Siebert)

Da in der deutschen Sprache durch den generischen Maskulin beide Geschlechter gleichermaßen mit einbezogen werden, wird in dieser Arbeit – bis auf seltene Ausnahmen – die männliche Form verwendet. Selbstverständlich sind immer beide Geschlechter gemeint.

1. Einsendeaufgabe 1

Kommentieren Sie die Anekdote des Ballonfahrers aus konstruktivistischer Sicht.

„Ein Ballonfahrer hat sich verirrt. Er sieht unter sich einen Bauern und ruft ihm zu: „Wo bin ich?" Der Bauer antwortet: „In einem Ballon."[1]

Die Anekdote des Ballonfahrers schildert eine Begebenheit aus dem Leben zweier Protagonisten, die ihre Situation aus unterschiedlichen Perspektiven zu erleben scheinen. Der Ballonfahrer als Passagier und Reisender ist höchstwahrscheinlich daran interessiert, eine möglichst klare Information zur geografischen Orientierung zu bekommen. Er stellt die Frage „wo bin ich" aus seiner (Vogel-) Perspektive und erwartet vermutlich Informationen dazu, in welcher Gegend er sich wohl zu befinden vermag. Dem Bauern fehlt unter Umständen das Einfühlungsvermögen in die Erwartungswelt des Ballonfahrers: Er sieht den Fragenden einfach als ein menschliches Wesen in einem Ballon. Seine Antwort - im Einklang mit seiner „inneren Landkarte" wird wahrscheinlich der Erwartung des Ballonfahrers nicht entsprechen.

Um die Ballonfahrer Anekdote aus konstruktivistischer Sicht zu kommentieren, werden zunächst relevante Fakten zur dieser Theorie vorgestellt.

Zunächst sei erklärt, dass Konstruktivismus als „Eine interdisziplinäre Erkenntnistheorie, die auf absolute Wahrheitsansprüche verzichtet und die Vielfalt der menschlichen Konstruktion von Wirklichkeiten betont."[2], definiert wird. Zudem wird die Hauptthese der Erkenntnistheorie des radikalen Konstruktivismus[3] angeführt, die die Menschen als „(...) autopoietische, selbstreferenzielle, operational geschlossene „Systeme"[4] identifiziert. Außerdem wird betont, dass die subjektiven Interpretationswelten der Individuen auf emotionalen und kognitiven Deutungsmustern, auf Erinnerungen und sensorischen Wahrnehmungen aufbauen.[5]

Des Weiteren ist folgende These für die Fragestellung von Relevanz: Ernst von Glasersfeld, einer der wichtigsten Begründer des sog. radikalen Konstruktivismus, erklärte, dass der Mensch zu keiner objektiven Erklärung der Realität fähig ist und in zwischenmenschlichen Interaktionen seine Erwartungsmuster stets enttäuscht werden können (sog. Perturbationen sozialer Art).[6]

---

[1] Siebert, H. (2015): Menschenbild und Bildungsanspruch. Studienbrief EB 0310. Technische Universität Kiserslautern. Distance and Indenpendence Studies Center (DISC), Kaiserslautern. Seite 7
[2] Siebert, H. (2015), Studienbrief EB 0310, Seite IV
[3] Ebenda
[4] Siebert H. (2000) Der Kopf im Sand — Lernen als Konstruktion von Lebenswelten. In: Bolscho D., de Haan G. (eds) Konstruktivismus und Umweltbildung. Schriftenreihe „Ökologie und Erziehungswissenschaft" der Kommission „Umweltbildung" der Deutschen Gesellschaft für Erziehungswissenschaft, vol 6. VS Verlag für Sozialwissenschaften, Wiesbaden, Seite 15
[5] Siebert, H. (2015), Studienbrief EB 0310,Seite 7
[6] Vgl. Lambers, H. (2010): Systemtheoretische Grundlagen sozialer Arbeit. Verlag Barbara Budrich, Opladen und Farmington Hills, MI, USA. Seite 25

Die Geschichte des Ballonfahrers spiegelt eine Begegnung von zwei subjektiv konstruierten Interpretationswelten - die des Bauern und des Ballonfahrers - wieder. Dem Ballonfahrer geht es – vermutlich - um die Orientierung für die Weiterreise (das „Wo" als geografischer Ort). Diese Intention scheint sich dem Bauern nicht zu erschließen. Er benennt das Fluggerät selbst als den Ort, in dem sich der Ballonfahrer befindet[7]. Die subjektiven Deutungs-Koordinatensysteme der beiden Gesprächspartner divergieren.

Zunächst kann eine Hypothese aufgestellt werden, dass der Bauer eventuell kognitiv nicht imstande ist, genauere Angaben zu dem geografischen Ort zu machen. Es ist ihm nicht möglich (z.b. aufgrund einer kognitiven Störung), hier adäquat zu antworten. Wie ein jedes Individuum kann er stets seine Wirklichkeit lediglich auf dem bereits vorhandenen Deutungsgefüge interpretieren, denn:

„Wir sehen die Situationen und das Gegenüber so, wie wir es sehen können, d. h. mit den Begriffsbrillen und Aufmerksamkeitsrichtungen, die uns aus unseren biografischen und lebensweltlichen Erfahrungen vertraut sind."[8]

Die Konstruktion der Wirklichkeit basiert aber auch auf Emotionen. Demzufolge könnte sich auch ein emotionaler Zustand des Bauern auf die Antwort auswirken: Unter Umständen könnte er durch das Erscheinen des Ballons und die „wo bin ich" - Frage überrascht, verärgert oder belustigt sein. Vielleicht war er durchaus in der Lage, die Perspektive des Fragenden zu übernehmen. Seine Antwort - „in einem Ballon" - wäre demnach durch eine Emotion zu begründen und als ein Scherz oder Sarkasmus zu deuten.

Des Weiteren ist es wichtig festzuhalten, dass die Individuen - obwohl sie zu keiner objektiven Erklärung der Realität fähig sind - durchaus in der Lage sind, einander zu beobachten und Hypothesen darüber aufzustellen, was der andere zu denken vermag. Diese Phänomene beschreibt z.B. Niklas Luhmann[9] als ein Gefüge an Erwartungen und Erwartungserwartungen (Erwartungen, die sich auf die Erwartungen des Interaktionspartners beziehen), die sich innerhalb sozialer Systeme entfalten.

Demnach ist es auch denkbar, dass der Bauer mit Bedacht die Erwartung des Luftreisenden nicht erfüllt. Die Interpretationen bzw. Konstruktionen der Wirklichkeit, mit denen er die Situation betrachtet, könnten einen soziokulturellen Hintergrund haben. Der Bauer könnte beispielsweise der Meinung sein, dass die anderen Mitglieder der Gesellschaft den Bauernstand generell geringschätzen. Folglich könnte er eine überhebliche Behandlung seitens „aller Nicht-Bauern" - hier des Ballonfahrers - erwarten. Die gegebene Antwort

---

[7] Anm. d. Verf. Hierbei handelt sich auch um eine subjektive Wirklichkeitsdeutung der Außenbeobachterin/Verfasserin.
[8] Arnold, Rolf (2003):Konstruktivismus und Erwachsenenbildung. REPORT Literatur- und Forschungsreport Weiterbildung 2003(3): Gehirn und Lernen http://www.die-bonn.de/id/1823 Seite 53
[9] Anm. d. Verf. Niklas Luhmann, deutscher Soziologe und Gesellschaftstheoretiker. Die von ihm entwickelte Systemtheorie kann als Fortsetzung des radikalen Konstruktivismus in der Soziologie verstanden werden. Vgl. Lambers, H. (2010): Systemtheoretische Grundlagen sozialer Arbeit. Verlag Barbara Budrich, Opladen und Farmington Hills, MI, USA. Seite 25

könnte als Ausdruck dieser Erwartungserwartung gesehen werden: Der Bauer erwartet eine herablassende Behandlung, als negative sich selbst erfüllende Prophezeiung.

Die Antwort - „in einem Ballon" - ist in dem Fall sarkastisch zu deuten, sie drückt seine Frustrationsgefühle aus. Die (hypothetisch) darauf folgende Verärgerung des Ballonfahrers würde zudem illustrieren, wie unsere Erwartungserwartungen bzw. Deutungsmuster nicht nur unser Handeln beeinflussen, sondern auch das der Kommunikationspartner.[10] Auch die von der Verfasserin (als Außenbeobachterin) vorgenommenen Interpretationen der individuellen Deutungsmuster der beiden Protagonisten sind als Ausdruck ihrer subjektiver Wirklichkeitskonstruktionen und Erwartungserwartungen zu deuten.

Insgesamt kann konstatiert werden, dass - aus konstruktivistischer Sicht - keiner von uns „Anspruch auf absolute Wahrheiten erheben kann".[11] Individuelle Konstruktionen der Kommunikationspartner über denselben Vorgang können bestenfalls besser oder schlechter kompatibel sein. Dazu schreibt Niklas Luhmann:

„Ego muss erwarten können, (...) um sein eigenes Erwarten und Verhalten mit den Erwartungen des anderen abstimmen zu können (...)"[12] und zudem „(...) die Möglichkeit zu handeln [ergibt] sich überhaupt erst aus der Art und Weise (...), wie Handlungszusammenhänge über Erwartungen von Erwartungen koordiniert werden."[13]

Die Interpretation der Anekdote des Ballonfahrers aus konstruktivistischer Sicht vermag die Bedeutung der Abstimmung und Koordination von Erwartungen und Erwartungserwartungen bzw. Herstellung einer Deutungskompatibilität für die Kommunikation und Handlungsfähigkeit der Menschen, einträglich zu veranschaulichen. Die zahlreichen (Fehl-) Interpretationsmöglichkeiten bzw. Enttäuschungen der Erwartungsmuster, illustrieren zudem die Bedeutung der Diversitäts- und Reflexionskompetenz, Toleranz und Rücksicht gegenüber anderen, stets ihre eigenen Wirklichkeiten konstruierenden, Individuen.

---

[10] Vgl. Siebert, H. (2015): Studienbrief EB 0310, Seite 22
[11] Siebert, H. (2015): Studienbrief EB 0310,Seite 9
[12] Luhmann, N. (1984): Soziale Systeme, Grundriß einer allgemeinen Theorie. Suhrkamp, Frankfurt a.M., Seite 412 f.
[13] Ebenda

2. Einsendeaufgabe 2

Was ist „Lernen" und „Bildung" gemeinsam, und wodurch unterscheiden sich Lernen und Bildung?

Um die Gemeinsamkeiten und Unterschiede zwischen Lernen und Bildung zu identifizieren, werden zunächst die Charakteristika der Begrifflichkeiten „Lernen" und „Bildung" vorgestellt. Da es eine Vielzahl an Definitionen des Lernens – je nach Kontext bzw. Erkenntnisinteressen – existiert, wird nun die für den erwachsenpädagogischen Kontext als geeignet erachtete Definition präsentiert:

„Das Lernen ist ein Sammelbegriff für eine Vielzahl von Prozessen, die im zentralen Nervensystem ablaufen und es Lebewesen ermöglichen, die in ihrem jeweiligen Lebensumfeld gestellten Anforderungen zunehmend besser zu bewältigen".[14] Dabei geht es sowohl um die „inneren Monologe", als auch um „die Aktivitäten, die das Individuum unternimmt, um solche internen Prozesse zu erzeugen."[15]

Zudem werden in dem Zusammenhang mit der Fragestellung bedeutsame weitere Dimensionen angeführt: Nicht nur die Prozesse selbst, sondern auch die Wirkungen bzw. Ergebnisse der Aktivitäten der Erzeugung der internen Prozesse und damit zusammenhängende Verhaltensänderungen sowie die Intentionalität sind zu bedenken. Zudem wird festgehalten, dass es beim Lernen um Empirie basierte Veränderungen des Verhaltens und „die Erweiterung des Wissens, der Fähigkeiten und Fertigkeiten zur Bewältigung von Lebenssituationen"[16] geht.

Um die „Bildung" vorzustellen ist es wichtig zu betonen, dass dieser - der Philosophie der Aufklärung entstammende – Begriff zunächst den Menschen, als vernunftbegabtes und mündiges Wesen, zur Beschäftigung mit der Vielfalt der Welt und Kultur[17], hervorheben lässt. Bildung sollte keinesfalls als „Formung nach einem vorgegebenen Bilde"[18] verstanden werden, sondern als eine Einladung zur dialogischen Auseinandersetzung über das eigene und allgemeingültige menschliche Dasein.[19]

Außerdem ist die nachfolgende, in dem Bereich der Erwachsenenpädagogik gebräuchliche, Definition der Bildung nach Klafki für die Fragestellung relevant:

„Bildung ist Erschlossensein einer dinglichen und geistigen Wirklichkeit für einen Menschen – das ist der objektive oder materiale Aspekt; aber das heißt zugleich:

---

[14] Nuissl, E. (Hrsg.) (2014): Vom Lernen zum Lehren Lern- und Lehrforschung für die Weiterbildung. DIE spezial. Bertelsmann, Bielefeld, Seite 221 Definition nach Stern; weitere Definitionen Vgl. Seite 9 www.die-bonn.de/doks/2006-lehr-lernforschung-01.pdf Abruf am 22.01.2019
[15] Nuissl, E. (Hrsg.) (2014), Seite 221
[16] Siebert, Horst (2010): Lernen. In: Arnold, R.,Nuissl, E., Nolda, S. (Hrsg.) (2010): Wörterbuch Erwachsenenbildung. 2. Auflage. Stuttgart, Bad Heilbrunn: UTB, S. 190-192. Seite 191
[17] Schaub, H., Zenke, K.G. (2004): Wörterbuch Pädagogik. Deutscher Taschenbuchverlag, München, Seite 95
[18] Ebenda
[19] Ebenda

Erschlossensein dieses Menschen für diese seine Wirklichkeit – das ist der subjektive oder formale Aspekt."[20]

Es kann demnach festgehalten werden, dass die Bildung, das „Erschlossensein" eines Individuums für seine Wirklichkeit, als Bereitschaft zu – und zugleich als ein Ergebnis einer aktiven Auseinandersetzung mit sich selbst und der Umwelt („Erscheinungsformen seiner Kultur") - gesehen werden kann. Es handelt sich hier um die Selbstentfaltung und Selbstverwirklichung, die sich zudem innerhalb eines - reflexives Lernen voraussetzendes[21] - Prozesses entwickeln.[22]

Den vorgestellten Charakteristika der beiden Begrifflichkeiten zufolge kann konstatiert werden, dass es ohne Lernen keine Bildung geben kann: Während es beim Lernen um die Vielzahl von neuronalen Prozessen (deren Erzeugung, Wirkungen, Ergebnisse bzw. die Verhaltensänderungen) des Individuums zur Bewältigung der Anforderungen des Lebens geht, handelt es sich bei der Bildung um das individuelle, reflexiv ablaufende, kategoriale[23] Bündelung und Erschließung der Lernergebnisse zur Bewältigung aller Lebensumfeld-Anforderungen innerhalb seiner „dinglichen und geistigen Wirklichkeit"[24].

Bildung erfolgt durch die Lernprozesse, Lernprozesse werden aber auch durch die Bildungserschließungsarbeit induziert.

Die Arbeiten, die eine Unterscheidung der beiden Begriffe „Lernen" und „Bildung" unter die Lupe nehmen, zeigen deutlich auf, dass „Bildung und Lernen aufeinander verweisen und es Übergänge zwischen ihnen gibt."[25]

Hierzu wurde beispielsweise folgende Perspektive 1990 von Marotzki in seiner Arbeit „Entwurf einer Strukturalen Bildungstheorie" vorgestellt: Der Wissenschaftler definierte Bildung (nach G. Batesons Lerntheorie) als „(...) jenen Prozess, in dem der Rahmen, innerhalb dessen gelernt wird, sich transformiert."[26] Marotzki stellt die These auf, dass das Lernen dann geschieht, wenn der Mensch innerhalb eines Rahmens eine angemessene Reaktionsoption auf einen kontextspezifischen Reiz findet (neue bzw. verbesserte Handlungsoptionen)[27], während Bildung ein zusammenfassendes Geschehen der Reaktionsmöglichkeiten bedeutet, währenddessen der Rahmen Veränderung erfährt (neue Welt- bzw. Selbstanschauungen).[28] Demnach geschieht also das Lernen „innerhalb des

[20] Klafki, W. (1963): Studien zur Bildungstheorie und Didaktik. Weinheim, Seite 43 .In Siebert, H. (2015) Studienbrief EB 0310,Seite 30
[21] Siebert, H. (2015) Studienbrief EB 0310, Seite 30
[22] Vgl. Erpenbeck, J., Weinberg, J. (2004):Bildung oder Kompetenz – eine Scheinalternative? REPORT (27) 3/2004, Seite 71 www.die-bonn.de/doks/arnold0301.pdf Abruf am 01.02.2019
[23] Vgl. Klafkis „Kategoriale Bildung" in Felden, H. von (2014): Didaktisches Handeln und Kommunikation in den Lerngruppen. Studienbrief EB 0410. Technische Universität Kiserslautern. Distance and Indenpendence Studies Center (DISC), Kaiserslautern, Seite 16
[24] Vgl. Klafki, W. (1963) in Siebert, H. (2015) Studienbrief EB 0310,Seite 30
[25] Nohl, A.-M., Rosenberg, F. von, Thomsen, S. (2015): Bildung und Lernen im biografischen Kontext. Empirische Typisierungen und praxeologische Reflexionen. Springer VS, Wiesbaden, Seite 11
[26] Ebenda Seite 13
[27] Ebenda
[28] Ebenda

Rahmens", während die Bildung „rahmentransformierend" passiert. Marotzki betont zudem noch die Tatsache, dass es wichtig ist, zwischen der Veränderung des „Weltverhältnisses des Subjekts" und der Transformation des „Selbstverhältnisses" (wo der Subjekt nicht nur den Rahmen wechselt, sondern auch über den Vorgang selbst lernt), zu unterscheiden. Anschließend gibt er an, dass es hier zudem um „die Fähigkeit oder Bereitwilligkeit zu flexibilisieren, verschiedene Gewohnheiten übernehmen zu können."[29] geht.

Zusammenfassend lässt sich feststellen, dass das Lernen als die Voraussetzung für die Bildung zu gelten vermag. Beide Dimensionen werden durch das neuronale transformative Geschehen ermöglicht. Die Bildung erfolgt durch die Lernprozesse, „beinhaltet" diese; zugleich werden durch die Bildungserschließungsarbeit (z.B. Kategorienbildung durch Reflexionen, Deduktionen, Clustern) neue Lernbedarfe und dadurch neue Lernprozesse induziert.

Marotzkis Arbeit präzisiert zudem das Verhältnis der beiden Dimensionen zueinander so, dass das Lernen „rahmenintern" (verfügbare Reaktionsmuster korrigierend und/oder erweiternd) erfolgt, während die Bildung rahmentransformierend (vorhandenes Welt- und Selbstbild verändernd), auf den Lernprozessen aufbauend, zu geschehen vermag.

Zum Schluss ist es wichtig zu betonen, dass beide Dimensionen - Lernen und Bildung – in Anknüpfung an Aufklärungsideale, gleichsam daraufhin zielen sollen, die „(...) Bildungsarbeit im Interesse der Entwicklung von Urteilskraft, Handlungsfähigkeit, Mut und Verantwortlichkeit"[30] der Menschen zu führen.

---

[29] Nohl, A.-M., Rosenberg, F. von, Thomsen, S. (2015), Seite 13
[30] Schaub, H., Zenke, K.G. (2004), Seite 95

3. Einsendeaufgabe 3

Welche Themen prägen Ihre Persönlichkeit?

Die Auseinandersetzung mit der Aufgabenstellung soll mit Überlegungen zur Begrifflichkeit „Persönlichkeit" aus psychologischer, pädagogischer und philosophischer Sicht beginnen. Diese sollen eine Hilfestellung bieten, die persönlichkeitsprägenden Themen aus der Ideenvielfalt herauszufiltern.

Nach psychologischer Definition wird Persönlichkeit als „(...) das, was ein Individuum charakterisiert"[31] bezeichnet. Im weiteren Verlauf der Definitionsbemühungen stellen Psychologen fest, dass sich der Begriff " „(...) *auf die einzigartigen psychologischen Merkmale eines Individuums, die eine Vielzahl von charakteristischen konsistenten Verhaltensmustern* (offenen und verdeckten) *in verschiedenen Situationen und zu verschiedenen Zeitpunkten beeinflussen* [.]"[32] bezieht.

Die Pädagogen definieren die Persönlichkeit als „Summe aller Merkmale und Verhaltensweisen, die den einzelnen Menschen zu einer unverwechselbaren Individualität werden lassen. Dabei ist das lebenslang wirksame Bedingungsfeld jeder P. sowohl soziokultureller wie physischer und psychischer Natur."[33] Die Philosophen sprechen von dem „Inbegriff der Wesenszüge der Person; psychologisch-pädagogisch der in seinen Anlagen (meist nach bestimmten Leitbild, sog. *P.s-ideal*) entfaltete Charakter eins Menschen."[34]

Im Zuge der Überlegungen zu der Aufgabenstellung unter Einbezug der genannten Definitionen zeigte sich zunächst, welche Themen sich hauptsächlich als prägender Teil der Persönlichkeit der Autorin identifizieren lassen: Diese sind: Bildung, Medizin, Psychologie, Lernen & Lehren und Kultur. Besondere Erwähnung verdient dabei die Kultur, die die Verfasserin als den bedeutsamsten Aspekt unseres Menschseins sieht. Diesbezüglich beschäftigen die Verfasserin aktuelle kulturelle Differenzen und Analogien in Bezug zu historischen und kulturellen Prozessen.

Außerdem kann festgestellt werden, dass die „einzigartigen psychologischen Merkmale" der Verfasserin hauptsächlich von den Gedanken der Toleranz und humanistischen Idealen geprägt sind. „Der Mensch" steht für sie im Mittelpunkt ihrer Themen und auch die Tatsache, dass ein Individuum sich bestmöglich entwickeln können sollte. In dem Bildungsbereich versteht sie deswegen z.B. das (freiwillige) Lebenslange Lernen als Privileg und Chance zur persönlichen Entwicklung der Menschen. (gekürzt)

---

[31] Zimbardo, P., G. (1988): Psychologie. Springer Lehrbuch. Berlin – Heidelberg. Sonderauflage für Weltbild Augsburg. Seite 398
[32] Ebenda
[33] Schaub, H., Zenke, K., G. (2004), Seite 427
[34] Müller, M., Halder, A. (Hrsg.) (1971): Kleines Philosophisches Wörterbuch. Verlag Herder, Freiburg im Breisgau, Seite 205

4. Einsendeaufgabe 4

Lassen sich geschlechtsspezifische Lernstile unterscheiden?

Zur Beginn der Auseinandersetzung mit dem Thema „geschlechtsspezifische Lernstile" soll festgehalten werden, dass das Eingehen auf die Geschlechtsspezifität innerhalb der Erwachsenenbildung eine besondere Aufmerksamkeit verdient, da sich mit der Zeit die Traditionen der Geschlechterzuschreibungen[35] nach wie vor kontinuierlich verändern.[36] Außerdem, da es feststeht, dass das biografische Erleben (neben weiteren sozioökonomischen und soziokulturellen Kontexten) das Lernverhalten eines Menschen bedeutend beeinflusst,[37] soll auch die Geschlechtsspezifität, als ein wichtiger und prägender Teil einer individuellen Biografie, Berücksichtigung finden.[38]

Weitere Argumente für die Bedeutsamkeit der Thematik bieten empirische Untersuchungen zur Lernforschung, die wichtige Erkenntnisse zur geschlechtlich bevorzugten Lernstrategien und -kontexten liefern, wie z.B., dass Männer weniger als Frauen auf kommunikations-freudige Lernatmosphäre Wert legten[39].

Des Weiteren liefern Praxisberichte, wie z.B. „Frauen lernen anders – Theorie und Praxis der Weiterbildung mit Frauen", wichtige Beobachtungen: Die Autorinnen des Werkes schildern beispielsweise, dass sich in Lernsituationen Frauen anders als Männer (meist zurückhaltender) verhalten, sich öfters unterbrechen lassen oder insgesamt weniger sprechen. Sie bemühen sich auch stärker um eine gute Lernatmosphäre.[40] Auch Wiltrud Gieseke und C. Edding stellen eine Reihe von Fakten vor.[41]

Horst Siebert gelingt es in dem Studienbrief „Lernen im Lebenslauf" auf einige wichtige Vermutungen/Charakteristika geschlechtsspezifischer Lernstile hinzudeuten, indem er folgende Frage stellt:

> „Lernen Frauen eher induktiv, Männer eher deduktiv, Frauen eher erfahrungs-, Männer eher theorieorientiert, Frauen eher synthetisch, kontextbezogen, Männer eher analytisch, kontextunabhängig, Frauen eher intuitiv, metaphorisch, Männer eher begrifflich, strukturierend?"[42]

---

[35] Vgl. Venth, A., Bergmiller, I., Botzat, T., Franz-Balsen, A., Riehe, H. (Hrsg.) (1999): Frauen lernen anders – Männer auch. Beiträge einer Fachtagung, 20. Und 21. November 1999, Burckhardthaus in Gelsenhausen. Internetservice des Deutschen Instituts für Erwachsenenbildung (DIE), Seite 79 www.die-bonn.de Abruf am 01.02.2019

[36] Anm. d. Verf. Philosophin Sonja Flaßpöhler zeigt auf, dass „zwischen Männern und Frauen offenbar weiterhin ein Machtgefälle herrscht." In: Precht, R.D.(2018): Richard David Precht im Gespräch mit Svenja Flaßpöhler: Die Zukunft von Mann und Frau. Video 44 min, Datum:17.09.2018, ZDF-Mediathek. Video verfügbar bis 13.10.2023, 22:35 www.zdf.de Abruf am 01.02.2019

[37] Vgl. Siebert, H. (2015): Lernen im Lebenslauf. Studienbrief EB 0320. Technische Universität Kaiserslautern. Distance and Indenpendence Studies Center (DISC), Kaiserslautern, Seite 79

[38] Anm. d. Verf. Auch die konstruktivistische Sichtweise bestätigt diese Notwendigkeit. Vgl. Siebert, H. (2015): Lernstile und Lernschwierigkeiten. Studienbrief EB 0330. Technische Universität Kiserslautern. Distance and Indenpendence Studies Center (DISC), Kaiserslautern, Seite 16

[39] Weitere Ergebnisse vgl. Siebert, H. (2015): Studienbrief EB 0330 Seite 36

[40] Vgl. Derichs-Kunstmann, K., Müthing, B.(2014): „Frauen lernen anders – Theorie und Praxis der Weiterbildung mit Frauen. Kleine Verlag Bielefeld In: Siebert, H. (2015): Studienbrief EB 0320 Seite 68

[41] Vgl. Siebert, H. (2015): Studienbrief EB 0320, Seite 68 f.

[42] Siebert, H. (2015): Studienbrief EB 0320, Seite 67, 68 f.

Demnach kann angenommen werden, dass sich Frauen und Männer neues Wissen und Können auf unterschiedliche Art und Weise aneignen und Berücksichtigung dieser Dimension innerhalb der Lernarrangements umzusetzen ist.[43]

Auch der Nutzen der Berücksichtigung der Lernstile in der Lehrpraxis gilt als unbestritten. Mit der Begrifflichkeit „Lernstil" sind „(...) relativ dauerhafte Verfahren zur Aneignung, Verarbeitung und Anwendung von Wissen und Fertigkeiten gemeint."[44] Die Lernstile verbleiben im Laufe der menschlichen Lernbiografie, als „in der primären und sekundären Sozialisation"[45] erworbene Strategien, meist konstant. Zudem wurde auch festgestellt, dass die Anwendung der Lernstile unabhängig der wechselnden Lerninhalte und –ziele erfolgt. Den eigenen Lernstil bzw. die eigenen Lernpräferenzen zu reflektieren, bzw. bewusst zu werden und diese Erkenntnisse aktiv zu nutzen, fördert die Lernerfolge. Nicht nur die Lerner selbst, sondern auch die Lehrenden können durch die Lehrausrichtung auf die unterschiedliche Teilnehmenden-Lernstile erreichen, dass der Kompetenzerwerb erheblich besser gelingt. Das Eingehen auf die unterschiedlichen Lernstile hilft, die Curricula heterogener zu gestalten, die Förderung der Lerner diverser Lernstärken sowie die Lernausstattung des Lernumfeldes zu optimieren.[46]

Es kann festgestellt werden, dass die Betrachtung der Felder „Geschlechtsspezifität versus Lernverhalten" und „Lernstil" daraufhin deutet, dass ein Zusammenhang zwischen den Dimensionen anzunehmen ist. Es zeigt sich jedoch, dass der wissenschaftliche Nachweis problematisch ist: Während erfahrungsbasierte Erkenntnisse für die Hypothese geschlechtsspezifischer Lernstile sprechen, werden die vorhandenen Ergebnisse der empirischen Forschung als unbefriedigend erachtet.

Zunächst wird konstatiert, dass insgesamt das „(...) Lernen als Konstrukt nicht messbar und beobachtbar ist (...)".[47] Zudem weisen Individuen mehrere Lernstilpräferenzen auf und diese wenden sie auch aufgabenspezifisch an.[48] Im Hinblick darauf zeigt sich eine hohe Komplexität bzw. Anzahl der Variablen (wie z.B. Aufgabenspezifität, Habitus bzw. Milieuzugehörigkeit oder die Schulbildung), die über die von den Individuen angewandten Lernstile mitentscheiden, was die Gewinnung wissenschaftlicher Erkenntnisse darüber erheblich erschwert.

Bei der Betrachtung von Lernstil-Konzeptionen im Allgemeinen (wie z.B. Konzepte nach Kolb, Schrader, Honey Mumford, Pask[49]) und im Besonderen der von H. Siebert angeführten

---

[43] Vgl. Quilling, K. (2015): Lernstile und Lerntypen. www.die-bonn.de/wb/2015-lernstile-01.pdf Abruf am 03.02.2019
[44] Siebert, H. (2015) Studienbrief EB 0330, Seite 16
[45] Ebenda
[46] Vgl. Luo, X. (2015): Lernstile im interkulturellen Kontext. Eine empirische Untersuchung am Beispiel von Deutschland und China. Dissertation. VS Springer, Seite 17
[47] Siebert, H. (2015) Studienbrief EB 0330, Seite 16
[48] Ebenda
[49] Vgl. Stangl-Taller Arbeitsblätter. Online https://www.stangl-taller.at Abruf am 17.03.2019

Definition des Lernstils kann festgestellt werden, dass hier keine Bezugnahme auf die persönlichkeitsbezogenen Merkmale einer Person und Kontext - also auch Geschlechtsspezifität – erfolgt.

Demzufolge kann die wissenschaftliche Erforschung der Frage nach geschlechtsspezifischen Lernstilen erst dann möglich werden, wenn die Geschlechtsspezifität mit ihren kontext- bzw. persönlichkeitsbezogenen Aspekten, in die Lernstil-Konstrukt-Auswahl mitaufgenommen wird,[50] bzw. es bedarf weiterer theoretischen und forschungsmethodischen Präzisierungen und Studien.

Zusammenfassend verbleibt es anzumerken, dass der Wunsch nach mehr Raum innerhalb Erwachsenenbildung für die Thematik „geschlechtsspezifisches Lernen", im Zuge der Gender-Diversity-Entwicklungen, verbleibt. Die Frage nach spezifisch weiblichen/männlichen Lernpräferenzen ist als Gegenstand der wissenschaftlichen Untersuchungen in unserer Gesellschaft zweifellos präsent und zudem wird das Vorgehen gegen Barrieren traditioneller Geschlechterbilder „(...) für die Öffnung von Freiräumen für die eigene Ausgestaltung durch die Individuen (...)"[51], als eine wichtige gesellschaftliche Aufgabe angesehen. Diese Themen sind innerhalb der Erwachsenenbildung als gewichtig einzustufen. Die Geschlechtsspezifität soll Berücksichtigung innerhalb der Lernarrangements finden.

Auch hinsichtlich der Lernstilthematik ist ein hohes Interesse sowohl bei den Lehrenden als den Lernenden zu verzeichnen. Ein Bedarf nach Lernstil-Typologien bzw. ein Nutzen aus der Rücksichtnahme auf die unterschiedlichen Bedürfnisse der Lernenden (Lernstile) für den Lernerfolg wird festgestellt.[52]

Es kann konstatiert werden, dass die Existenz geschlechtsspezifischer Lernstile anzunehmen ist. Trotz konzeptueller Problemfelder sind Forschungsszenarien für die Weiterentwicklungen innerhalb der Erwachsenenbildung hinsichtlich Geschlechtsspezifität, Lernstile und/oder der Erforschung der Lernstile unter Miteinbezug geschlechtsspezifischer Variablen, als vielversprechend und wünschenswert zu erachten.

---

[50] Anm. d. Verf. Zu Konstruktaufbaubemühungen bez. persönlichkeitsbezogene Lernstile im Kontext des Fremdsprachenlernens Vgl. Schöcke, J. (2007), Seite 95
[51] Höblich, D. (2010): Biografie, Schule und Geschlecht. Bildungschancen von Schülerinnen. VS Verlag für Sozialwissenschaften. Wiesbaden, Seite 251
[52] Schöcke, J. (2007): Seite 14

5. Einsendeaufgabe 5

Inwiefern ist Lernen im Erwachsenenalter vorwiegend ein „innerer Monolog"?

Das Konzept des Lernens im Erwachsenenalter als „innerer Monolog" basiert auf der konstruktivistischen Erkenntnistheorie in Verbindung zur Neurowissenschaften bzw. Gehirnforschung. Die Begrifflichkeit selbst wurde m.e. dem Literaturfachbereich entlehnt und wird in diesem bezeichnet als:

> „Als ein Mittel in der Literatur, die Gedankengänge von Personen zum Ausdruck zu bringen, hier befindet sich der innere Monolog dort, wo das Innere, das Denken und Fühlen einer Figur verdeutlicht werden soll. Was man volkstümlich darunter versteht ist das „Selbstgespräch" ohne lautliche Rede, die einfachste und älteste Form der direkten Gedankenwiedergabe." [53]

Die Psychologie versteht „innere Monologe" als „verbale Selbstinstruktionen mit dem Ziel der kognitiven Umstrukturierung als Form der Handlungskontrolle". [54]

Um zu präzisieren, was der „innere Monolog" für das Lernen im Erwachsenenalter bedeutet, muss zunächst angemerkt werden, dass das Lernen Erwachsener von individuellen Erfahrungen, biografischen, soziokulturellen Gegebenheiten und Anforderungen geprägt ist. Es erfolgt situiert, in biografischen Zusammenhängen, selbstgesteuert und lebensweltbezogen. Zudem geschieht es in erster Linie als Aufbau kristalliner Intelligenz und das sog. „Anschlusslernen" [55], wobei die Anschlussfähigkeit des neuen an das vorhandene Wissen für den erwachsenen Lerner besonders förderlich und motivierend ist. Demnach geschieht das Erwachsenenlernen hauptsächlich „im Selbstgespräch", als „innerer Monolog", also in Form einer Lernleistung des steten Verknüpfens neuer Informationen mit bereits vorhandenem Wissen und Erfahrungen.

Im Folgenden wird die These, dass das Lernen im Erwachsenenalter vorwiegend ein „innerer Monolog" sei, auch in Verbindung der konstruktivistischen Lerntheorie der Gehirnforschung beleuchtet werden.

Die Mechanismen des Lernens sind vielfältig und dabei kann als „unser wichtigstes Lernorgan" [56] das Gehirn identifiziert werden. Ein Organ, dessen Gewicht „nur" ca. 2% des Körpergewichts ausmacht, lernt unermüdlich: „Es lernt nicht nebenbei und nur, wenn es gelegentlich mal muss, sondern es kann nichts besser und tut nichts lieber." [57]

---

[53] Vgl. Köprülü, S., G. (2014), Seite 605
[54] Spektrum-Lexikon Psychologie https://www.spektrum.de/lexikon/psychologie/innerer-monolog/7195
[55] Siebert, H. (2015): Studienbrief EB 0320, Seite 79
[56] Siebert, H. (2010): Methoden für die Bildungsarbeit. Leitfaden für aktivierendes Lehren und Lernen. W. Bertelsmann, Bielefeld, Seite 20
[57] Spitzer, M. (2006): Nervenkitzel. Neue Geschichten vom Gehirn. Suhrkamp, Frankfurt am Main. Seite 63

Ein Axiom der konstruktivistischen Lerntheorie besagt, dass das menschliche Gehirn „autopoietisch, operational geschlossen, strukturdeterminiert und selbstorganisiert"[58] arbeitet. Es wird als geschlossenes, mit sich selbst kommunizierendes System angesehen – also geschieht das Lernen Erwachsener hauptsächlich als eine Art Selbstgespräch: ein „innerer Monolog". Dabei wird das Lerngeschehen – aus neurobiologischer Perspektive – verstanden als „Verstärkung von Synapsen und die (Neu-) Verknüpfung neuronaler Netzwerke."[59] Während dieser Prozesse werden Assoziationsareale aktiviert, das Erlernte in einem „Prozess der Emergenz konstruiert"[60] und obwohl die Lernprozesse als soziales Geschehen zu verstehen sind, können Erwachsene nicht „instruiert, determiniert oder „erzogen" werden [.]".[61] Denn beim Empfang von gesendeten Nachrichten, verarbeitet das erwachsene Gehirn die Informationen selbstreferenziell, auf den individuellen spezifischen Deutungsmustern basierend. Demnach ist es als ein „innerer Monolog" anzusehen.

Zudem ist es wichtig anzumerken, dass die Neuronen dazu in der Lage sind, sich zu Netzwerken anzuordnen – sog. Mustern und/oder Programmen. Folglich ist das Lernen ein neuronal-aktiver Auf-, Aus- und/oder Umbauprozess. Auch dieses Geschehen kann als „innerer Monolog" identifiziert werden. Es kann als innere „Internalisierung", Übertrag auf eigenen mentalen Modelle im Sinne der internen neuronalen (Netzwerk-) Kommunikation bzw. Übersetzung nach individueller Gehirnlogik, verstanden werden.

Dies bedeutet, dass das Gehirn hauptsächlich mit sich selbst kommuniziert, „monologisiert", und selbsttätig die individuellen Gedanken gestaltet.

Demnach ist es verständlich, dass ein Individuum während des Lernens – den individuellen neuronalen Verschaltungen folgend - von dem Thema abkommen und eigene Assoziationen – „innere Monologe" - bilden kann. Diese können inspirierend, neutral oder durchaus verstörend sein. Dieses Geschehen zu verstehen ist für die Erwachsenenbildner von essentieller Bedeutung, denn diese Erkenntnisse eröffnen den Lehrenden neue Möglichkeiten der Wahrnehmung und des Handelns innerhalb Lehr-Lernsituationen.

Abschließend kann zusammengefasst werden, dass das Gehirn, „unser wichtigstes Lernorgan"[62], als ein autarkes geschlossenes System, das Lernen ermöglicht. Das Lernen im Erwachsenenalter erfolgt selbstgesteuert, vorwiegend durch individuelle und spezifische „Kommunikation des Gehirns mit sich selbst" - nachweislich durch interne neuronale Verarbeitungsprozesse, insofern also als ein „Innerer Monolog".

---

[58] Siebert, H. (2015): Studienbrief EB 0310,Seite 20
[59] Ebenda Seite 20 f.
[60] Siebert, H. (2015): Studienbrief EB 0310, Seite 21
[61] Ebenda
[62] Siebert, H. (2015), Studienbrief EB 0310, Seite 20

6. Einsendeaufgabe 6

Nennen Sie Beispiele für die Lernstile nach D. Kolb.

Die Tatsache, dass das Erwachsenenlernen auf bereits vorhandenen Erfahrungen, Vorwissen und Lernpräferenzen basiert, veranlasste den amerikanischen Organisationspsychologen David Kolb unter anderem zur Entwicklung seiner Theorie des Lernstilinventars (Learning Style Inventory, LSI)[63]. Er stellte fest, dass die Lerner das neue Wissen in ihre vorhandene Erfahrungswelt, innerhalb eines 4-Phasen-Aneignungsprozesses, auf eine mehr abstrakte oder eher praktische Art und Weise, integrieren. Es präzisiert die Lernstile als unterschiedliche Präferenzen beim Lernen, die über einen langen Zeitraum bestehen bleiben, und, dass sie von den Lernkontexten, Lernumgebungen, Fächern und Dozenten abhängig sind.[64] Diese Präferenzen treten daher niemals in „Reinform". Kolb identifizierte prototypisch vier grundlegende Zugänge: konkrete Erfahrung, Beobachtung und Reflexion, abstrakte Konzeptualisierung und aktives Experimentieren[65]. Überdies ist es wichtig hinzuzufügen, dass Kolbs Modell zwei Koordinatenachsen aufweist: Auf der horizontalen Achse geht es um sog. Aktives Experimentieren & Beobachtende Reflexion, auf der vertikalen Achse geht es um sog. Konkretes Erleben & Abstrakte Begriffsbildung. Diese beiden Dimensionen ergeben im Zusammenspiel vier verschiedene Lernstile[66]: Assimilator, Akkomodator, Diverger sowie Converger.[67]

Es kann konstatiert werden, dass sich die Auswirkungen von bestimmten Lernpräferenzen nach D. Kolb darin spiegeln können, welche Veranstaltungen die Lerner bevorzugt besuchen. Ein Assimilator wird beispielsweise eher ein Sozialrechtvortrag besuchen, während ein Akkomodator wahrscheinlich an einer Veranstaltung zu dem Thema Umweltschutz teilnimmt, die eine konkrete Erfahrung, wie z.B. Aufbau eines Insektenhotels, anbietet. Ein Converger besucht vermutlich eher eine Fachtagung und ein Diverger nimmt u.U. an einer Bildungsexkursion teil.

Die Lernstile nach D. Kolb werden im Folgenden anhand einer Seminarübung bzw. eines Lernarrangements, „Team-Urlaubsplanung" (Konfliktmanagement) vorgestellt. Als Hauptziel der Übung kann das Kennenlernen des von V. Satir[68] entwickelten Modells der vier Formen

---

[63] Staemmler, D. (2006): Lernstile und interaktive Lernprogramme: Kognitive Komponenten des Lernerfolges in virtuellen Lernumgebungen. Deutscher Universitäts - Verlag. Wiesbaden. Seite 15
[64] Ebenda
[65] Vgl. Möller, H. (2006): Die Lernstilanalyse nach Kolb und ihre Konsequenzen für die Hochschul- und Schuldidaktik und die berufliche Aus- und Weiterbildung. In: Bildung schafft Zukunft / 1. Innsbrucker Bildungstage, 17. - 18. November 2005 / Hrsg.: Heidi Möller. - Innsbruck : Univ. Press, 2006, S. 88 – 94
[66] Vgl. Höffer-Mehlmer, M. (2014): Methoden und Medien in der Erwachsenenbildung. Studienbrief EB 0430. Technische Universität Kaiserslautern. Distance and Indenpendence Studies Center (DISC), Kaiserslautern Seite 29
[67] Die Darstellung des Lernmodells und die Beschreibung der Lernstile nach Kolb vgl. Anlage 1
[68] Anm. d. Verf. Die von Virginia Satir entwickelte Typologie beschreibt vier Stresspositionen: Ablenker, Ankläger, Beschwichtiger, Rationalisierer und fünfte, kongruente Position. Vgl. Satir, V. (2013): Selbstwert und

inkongruenter Kommunikation/ der unterschiedlichen Stress-Reaktionsmuster als Erweiterung des persönlichen kommunikatorischen „Werkzeugkoffers" genannt werden. Die Reflexion der negativen Kommunikationsarten soll helfen, die Menschen in Konfliktsituationen besser zu sehen, zu hören und zu verstehen. Des Weiteren wird als Ziel die Reflexion des eigenen Stress- und Konfliktverhaltens anhand des genannten Modells sowie das Kennenlernen und Reflexion positiver psychologischer Verhaltensvarianten, wie der fünften, kongruenten Position, angestrebt. Zudem kann als Ziel auch die Reflexion der Möglichkeiten und Grenzen der Anwendbarkeit des Modells genannt werden.

Im Folgenden wird an dem beschriebenen Seminarbeispiel dargelegt, inwiefern die genannte Übung Anteile beinhaltet, die die jeweiligen Kolb-Lernstile ansprechen:

A. Der Assimilator wird das V. Satir-Modell, die Theorie, die Erarbeitung des Konzepts/der Strategie und Reflexionen bzw. das Ergebnis bevorzugen, da seine dominanten Lernfähigkeiten Abstrakte Konzeptualisierung (AC) und Reflektive Beobachtung (RO) sind. Der Assimilator wird gern die Arbeitsblätter studieren, das Geschehen beobachten und Feedback geben. Es liegt, außer sonstiger Seminar-Literatur auch ein Exemplar V. Satir Buches für die TN bereit. Dies und auch ein Rechnerzugang ermöglicht dem Assimilator die von ihm favorisierte Überprüfung der Angaben zu dem Modell. Zum Schluss kann er auch Schlussfolgerungen, Verallgemeinerungen etc. bilden (was auch seine Präferenzen sind) und präsentieren.[69]

B. Dem Akkomodator, einem „echten Praktiker", werden wohl die Ausführung des Rollenspiels und die Kleingruppenarbeit zusagen. Seine Präferenzen liegen in den Bereichen der konkreten Erfahrung (CE) und des Aktiven Experimentierens (AE). In der realen, aus der Praxis stammenden, zu bearbeitenden Konfliktsituation (Team-Urlaubsplanung) kann sich ein Akkomodator wieder finden: Dies wird von ihm auch bevorzugt, da er gern „sich Situationen aussucht, in denen er sich anpassen können muss"[70]. Zudem sind sowohl das Rollenspiel als auch die Kleingruppenarbeit für den Akkomodator günstig, da er gern experimentiert. Überdies begibt er sich hier in seine präferierte intuitive Trial-and-Error-Strategie bzw. Erfahrung hinein und kann „sich stark auf Informationen anderer Leute abstützen"[71]. Das Zusammenfassen der Ergebnisse entspricht einem Akkomodator eher nicht, hier können andere Mitglieder der Gruppen bevorzugt wirken.[72]

C. Der Converger präferiert die praktische Anwendung des V. Satir-Modells. Seine Lernpräferenzen sind Abstrakte Konzeptualisierung (AC) und Aktives Experimentieren (AE).

Kommunikation. Familientherapie für Berater und zur Selbsthilfe. Klett – Cotta (Leben Lernen 18) Verlag, Stuttgart
69 Die Aussagen zur Charakteristika des Assimilators: vgl. Möller, H. (2006), Seite 92, bzw. die Beschreibung der Lernstile nach Kolb , In: Anlage 1
70 Möller, H. (2006), Seite 92
71 Ebenda
72 Die Aussagen zur Charakteristika des Akkomodators vgl. Möller, H. (2006), Seite 92, bzw. die Beschreibung der Lernstile nach Kolb befindet sich in der Anlage 1

Er wird die Idee, Begriffe und das Konzept „an-und-für-sich" befürworten und außerdem die praktische Umsetzung sowie die sichtbaren Ergebnisse begrüßen. Ein Converger befasst sich allerdings lieber mit „Dingen statt Personen" und agiert „relativ unemotional"[73], so könnte er u.U. bezweifeln, ob die Kompetenz „ die Menschen in Konfliktsituationen besser zu sehen, zu hören und zu verstehen"[74], für ihn nützlich sein kann. Hier liegt eine Aufgabe für den Dozenten, den Nutzen des Modells hinreichend darzulegen.[75]

D. Der Diverger wird vorrangig „konkrete Situationen aus vielen Perspektiven"[76] betrachten. Seine Lernpräferenzen liegen in den Bereichen der Konkreten Erfahrung (CE) und der Reflektiven Beobachtung (RB). Er wird durch sein Interesse an Menschen, Imaginationsstärke und Emotionalität bei dem Rollenspiel glänzen und bei der Kleingruppenarbeit als „Ideengenerator" und guter „Brainstormer" erfolgreiche Beträge leisten. Der Diverger wird auch besonders an dem V. Satir-Modell interessiert sein, da dies seine Menschenkenntnis erweitert. Da er gern die Rolle des Beobachters annimmt, eine große Vorstellungskraft hat und das Erlebte aus verschiedenen Perspektiven beleuchten kann – kann erwartet werden, dass viele Beiträge, Ideen, Sichtweisen und Analysen von ihm geliefert werden.[77]

Zusammenfassend kann festgestellt werden, dass es sichtbar wurde, dass in dem Seminar „Team-Urlaubsplanung" (Konfliktmanagement) die Teilnehmenden, die als Lerner die bestimmte Kolb-Lernstile präferieren, ihre jeweiligen bevorzugten Lernstrategien anwenden können, was den Lernerfolg begünstigen kann.

Zu Beginn der Übung wird eine Theorie – in dem Fall V. Satirs Modell der negativen Kommunikationstypologie – vorgestellt. Diese Art und Weise des Lernens (Impulsvortrag) wird von dem Assimilator bevorzugt. Das im Anschluss stattfindende Rollenspiel, das Ausprobieren, entspricht der Akkomodatorpräferenz. Dabei wird die Theorie aus verschiedenen Perspektiven betrachtet und es werden Entdeckungen gemacht, was der Divergerpräferenz entspricht, um schließlich Erkenntnisse zur praktischen Umsetzung bzw. die Strategie und ihren Nutzen festzuhalten – dies entspricht der Lernstrategie des Convergers.

---

[73] Vgl. Möller, H. (2006), Seite 92
[74] Ebenda
[75] Die Aussagen zur Charakteristika des Convergers vgl. Möller, H. (2006), Seite 92, bzw. die Beschreibung der Lernstile nach Kolb befindet sich in der Anlage 1
[76] Möller, H. (2006), Seite 92
[77] Die Aussagen zur Charakteristika des Divergers vgl. Möller, H. (2006), Seite 92, bzw. die Beschreibung der Lernstile nach Kolb befindet sich in der Anlage 1

Anlage 1

Das Lernmodell, Lernpräferenzen und Lernstile nach Kolb

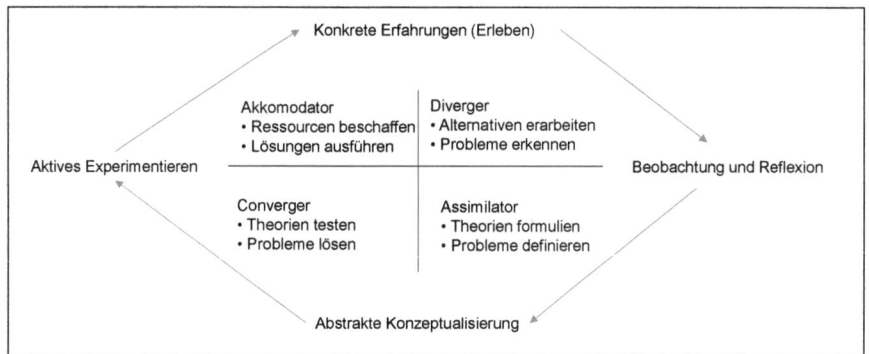

Abb. 1 Lernmodell nach Kolb. Eigene Darstellung nach Möller, H. (2006): In: Fatzer 1990[78]

Lernpräferenzen bzw. vier grundlegende prototypische Zugänge nach Kolb

„Konkrete Erfahrung

Rezeptiver, erfahrungsorientierter Ansatz des Lernens, der stark auf gefühlsorientierten Urteilen basiert. Einfühlsame, am Menschen orientierte Lehrer. Finden theoretische Überlegungen nicht hilfreich, ziehen Einzelfallbetrachtung vor. Lernen am meisten durch Feedback von "Peers" (Gleichgesinnten).“[79]

„Abstrakte Konzeptualisierung

Analytischer, konzeptioneller Ansatz des Lernens, basiert stark auf logischem Denken und rationaler Evaluation. Mehr orientiert auf Dinge und Symbole als auf Menschen. Beste Lemsituation: Autoritätsgelenkt und unpersönlich, Betonung von Theorie und systematischer Analyse. Solche Menschen sind frustriert durch offene Lemsituationen des Entdeckungslernens wie Übungen und Simulation.“[80]

„Aktives Experimentieren

Aktive, "tätige" Orientierung gegenüber Lernen, die stark auf Experimentieren basiert. Beste Lernformen sind: Projekte, Hausaufgaben, Kleingruppendiskussionen. Abneigung gegenüber passiven Lernformen wie Vorlesung. Diese LernerInnen sind meistens extravertiert.“[81]

---

[78] Fatzer,G. (Hrsg.) (1990): Supervision und Beratung. Köln, Ed.Hum. Psych., Seite 232 In: Möller, H. (2006), Seite 90
[79] Möller, H. (2006), Seite 89
[80] Ebenda
[81] Möller, H. (2006), Seite 90

„Reflektive Beobachtung

Annähender, zögernder und reflektierender Zugang zum Lernen. Solche LernerInnen stützen sich auf sorgfältige Beobachtung ab, um sich ein Urteil zu bilden. Sie ziehen Lernsituationen wie die Vorlesung vor, welche ihnen erlaubt, die Rolle des "objektiven Beobachters" einzunehmen. Eher introvertiert. (zit. nach Fatzer 1990, 232)"[82]

Beschreibung der Lernstile nach Kolb:
„Der/Die AssimilatorIn

Seine/Ihre dominanten Lernfähigkeiten sind Abstrakte Konzeptualisierung (AC) und Reflektive Beobachtung (RO). Die größte Stärke einer solchen Person liegt im Erarbeiten von theoretischen Modellen. Sie kann verstreute Beobachtungen in eine integrierte Erklärung einbringen. Diese Person ist, ebenso wie der Converger, weniger interessiert an Menschen und beschäftigt sich mehr mit abstrakten Konzepten, aber weniger mit der praktischen Anwendung von Theorien. Die Theorie muss präzis und logisch sein, wenn nicht, würde eine solche Person die Fakten nochmals überprüfen. Mathematik und Naturwissenschaften sind hauptsächliches Interesse. In Organisationen findet man diesen Lernstil meist in Forschungs- oder Planungsabteilungen."[83]

„Der/Die AkkomodatorIn

Er/Sie hat die gegenteiligen Lernstärken des Assimilators. Diese Person ist am besten im Bereich der konkreten Erfahrung (CE) und des Aktiven Experimentierens (AE). Sie kann am besten Dinge ausführen, Pläne oder Experimente, und sich in neue Erfahrungen hineinbegeben. Sie nimmt auch eher Risiken auf sich als Personen der anderen drei Lernstile. Wir haben diese Person eine/n AkkommodatorIn genannt, weil sie sich Situationen aussucht, in denen sie sich anpassen können muss. Wenn eine Theorie oder ein Plan nicht den Fakten entspricht, wird eine solche Person von diesen absehen und zu den Fakten kommen. Diese Person wird Probleme in einer intuitiven Versuch-und-Irrtum-Art lösen und sich stark auf die Informationen anderer Leute abstützen. Oftmals sind solche Leute ungeduldig. Der Hintergrund solcher Leute ist meistens praktisch oder technisch, in Richtung von "Business". Solche Menschen trifft man meistens in aktionsorientierten Jobs einer Organisation wie Marketing oder Verkauf."[84]

---

[82] Möller, H. (2006), Seite 90
[83] Möller, H. (2006), Seite 92
[84] Ebenda

„Der/Die ConvergerIn

Die dominanten Lernfähigkeiten sind Abstrakte Konzeptualisierung (AC) und Aktives Experimentieren (AE). Die größten Stärken des Convergers liegen in der praktischen Anwendung von Ideen. Diese Person ist dort, wo es eine eindeutige Antwort auf eine Frage oder ein Problem gibt. Die Forschung zeigt, dass ConvergerInnen relativ unemotional sind und es vorziehen, mit Dingen statt mit Personen zu tun zu haben. Sie tendieren dazu, enge technische Interessen zu haben und spezialisieren sich meist auf technische Wissenschaften. Dieser Lernstil ist charakteristisch für viele Ingenieure."[85]

„Der/Die DivergerIn

Hat die gegenteiligen Lernstärken des Convergers. Diese Person beherrscht den Bereich der Konkreten Erfahrung (CE) und der Reflektiven Beobachtung am besten. Sie verfügt über spezielle Fähigkeiten, konkrete Situationen von vielen Perspektiven zu betrachten. Wir nennen diesen Typus den/die DivergerIn, weil er/sie ein/eine IdeengeneratorIn ist, wie dies im Brainstorming angestrebt wird. Die Forschung zeigt, dass Divergerinnen interessiert an Menschen, imaginativ und emotional sind. Sie haben breite kulturelle Interessen und tendieren in Richtung Kunst. Dieser Stil ist typisch für Leute im Bereich von Gesellschafts- und Geisteswissenschaften. BeraterInnen, OrganisationsberaterInnen und Personal-verantwortliche können durch diesen Lernstil charakterisiert werden."[86]

---

[85] Möller, H. (2006), Seite 92
[86] Ebenda

Literaturverzeichnis

Derichs-Kunstmann, K., Müthing, B. (2014): Frauen lernen anders – Theorie und Praxis der Weiterbildung mit Frauen. Kleine Verlag Bielefeld In: Siebert, H. (2015): Studienbrief EB 0320 Technische Universität Kaiserslautern. Distance and Indenpendence Studies Center (DISC), Kaiserslautern

Felden, H. von (2014): Didaktisches Handeln und Kommunikation in den Lerngruppen. Studienbrief EB 0410. Technische Universität Kaiserslautern. Distance and Indenpendence Studies Center (DISC), Kaiserslautern.

Höblich, D. (2010): Biografie, Schule und Geschlecht. Bildungschancen von Schülerinnen. VS Verlag für Sozialwissenschaften. Wiesbaden.

Höffer-Mehlmer, M. (2014): Methoden und Medien in der Erwachsenenbildung. Studienbrief EB 0430. Technische Universität Kaiserslautern. Distance and Indenpendence Studies Center (DISC), Kaiserslautern

Klafki, W. (1963): Studien zur Bildungstheorie und Didaktik. Weinheim, Seite 43. In: In Siebert, H. (2015) Studienbrief EB 0310,Seite 30.

Lambers, H. (2010): Systemtheoretische Grundlagen sozialer Arbeit. Verlag Barbara Budrich, Opladen und Farmington Hills, MI, USA.

Luhmann, N. (1984): Soziale Systeme, Grundriß einer allgemeinen Theorie. Suhrkamp, Frankfurt a.M.

Luo, X. (2015): Lernstile im interkulturellen Kontext. Eine empirische Untersuchung am Beispiel von Deutschland und China. Dissertation. VS Springer.

Montaigne M. de, Franz, A. (Übersetzer) (2005): Die Essais. Anaconda Verlag, Köln.

Müller, M., Halder, A. (Hrsg.) (1971): Kleines Philosophisches Wörterbuch. Verlag Herder, Freiburg im Breisgau.

Nietzsche, F. (2005): Ecce Homo: Wie man wird, wie man ist. dtv Verlagsgesellschaft, München

Nohl, A.-M., Rosenberg, F. von, Thomsen, S. (2015): Bildung und Lernen im biografischen Kontext. Empirische Typisierungen und praxeologische Reflexionen. Springer VS, Wiesbaden.

Satir, V. (2013): Selbstwert und Kommunikation. Familientherapie für Berater und zur Selbsthilfe. Klett – Cotta (Leben Lernen 18) Verlag, Stuttgart

Schaub, H., Zenke, K.G. (2004): Wörterbuch Pädagogik. Deutscher Taschenbuchverlag, München.

Siebert H. (2000) Der Kopf im Sand — Lernen als Konstruktion von Lebenswelten. In: Bolscho D., de Haan G. (eds) Konstruktivismus und Umweltbildung. Schriftenreihe „Ökologie und Erziehungswissenschaft" der Kommission „Umweltbildung" der Deutschen Gesellschaft für Erziehungswissenschaft, vol 6. VS Verlag für Sozialwissenschaften, Wiesbaden.

Siebert, H. (2010): Lernen. In: Rolf, A. Nuissl, E., Nolda, S. (Hrsg.): Wörterbuch Erwachsenenbildung. 2. Auflage. Stuttgart, Bad Heilbrunn: UTB, S. 190-192.

Siebert, H. (2010): Methoden für die Bildungsarbeit. Leitfaden für aktivierendes Lehren und Lernen. W. Bertelsmann, Bielefeld.

Siebert, H. (2015): Lernen im Lebenslauf. Studienbrief EB 0320. Technische Universität Kaiserslautern. Distance and Indenpendence Studies Center (DISC), Kaiserslautern

Siebert, H. (2015): Lernstile und Lernschwierigkeiten. Studienbrief EB 0330. Technische Universität Kaiserslautern. Distance and Indenpendence Studies Center (DISC), Kaiserslautern

Siebert, H. (2015): Menschenbild und Bildungsanspruch. Studienbrief EB 0310. Technische Universität Kaiserslautern. Distance and Indenpendence Studies Center (DISC), Kaiserslautern.

Spitzer, M. (2006): Nervenkitzel. Neue Geschichten vom Gehirn. Suhrkamp, Frankfurt am Main.

Staemmler, D. (2006): Lernstile und interaktive Lernprogramme: Kognitive Komponenten des Lernerfolges in virtuellen Lernumgebungen. Deutscher Universitäts - Verlag. Wiesbaden.

Zimbardo, P., G. (1988): Psychologie. Springer Lehrbuch. Berlin – Heidelberg. Sonderauflage für Weltbild Augsburg.

Internetquellen

Arnold, Rolf (2003): Konstruktivismus und Erwachsenenbildung. REPORT Literatur- und Forschungsreport Weiterbildung 2003(3): Gehirn und Lernen http://www.die-bonn.de/id/1823 https://www.die-bonn.de/doks/arnold0301.pdf Abruf am 01.02.2019

Deutsche Gesellschaft für Care und Case Management DGCC (2012): Offizielle Definition des Case Managements. Website. www.dgcc.de/case-management/ Abruf am 24.02.2019

Erpenbeck, J., Weinberg, J. (2004):Bildung oder Kompetenz – eine Scheinalternative? REPORT (27) 3/2004 https://www.die-bonn.de/doks/weinberg0402.pdf Abruf am 22.01.2019

Fatzer, G. (Hg.) (1990): Supervision und Beratung. Köln, Ed.Hum. Psych., In: Möller, H. (2006): Die Lernstilanalyse nach Kolb und ihre Konsequenzen für die Hochschul- und Schuldidaktik und die berufliche Aus- und Weiterbildung. In: Bildung schafft Zukunft / 1. Innsbrucker Bildungstage, 17. - 18. November 2005 / Hrsg.: Heidi Möller. - Innsbruck : Univ. Press, 2006, S. 88 – 94 https://kobra.uni-kassel.de/bitstream/handle/123456789/2009091530115/MoellerLernstilanalyse2006.pdf;jses sionid=67F0918DA15B7184E9554F00E2E5DAC0?sequence=1 Abruf am 01.02.2019

Köprülü, S., G.(2014): Innerer Monolog in Herrad Schenks Roman „Am Ende". In: The Journal of International Social Research Volume: 7 Issue: 29, Seite 605 http://www.sosyalarastirmalar.com/cilt7/sayi29pdf/koprulu_sevtap.pdf Abruf am 01.02.2019

Möller, H. (2006): Die Lernstilanalyse nach Kolb und ihre Konsequenzen für die Hochschul- und Schuldidaktik und die berufliche Aus- und Weiterbildung. In: Bildung schafft Zukunft / 1. Innsbrucker Bildungstage, 17. - 18. November 2005 / Hrsg.: Heidi Möller. - Innsbruck : Univ. Press, 2006, S. 88 – 94 https://kobra.uni-kassel.de/bitstream/handle/123456789/2009091530115/MoellerLernstilanalyse2006.pdf;jses sionid=67F0918DA15B7184E9554F00E2E5DAC0?sequence=1 Abruf am 01.02.2019

Nuissl, E. (Hrsg.) (2014): Vom Lernen zum Lehren Lern- und Lehrforschung für die Weiterbildung. DIE spezial. Bertelsmann, Bielefeld. Online: http://www.die-bonn.de/doks/2006-lehr-lernforschung-01.pdf Abruf am 22.01.2019

Precht, R.D.(2018): Richard David Precht im Gespräch mit Svenja Flaßpöhler: Die Zukunft von Mann und Frau. Video 44 min, Datum:17.09.2018, ZDF-Mediathek. Video verfügbar bis 13.10.2023, 22:35 https://www.zdf.de/gesellschaft/precht/precht-die-zukunft-von-mann-und-frau-richard-david-precht-im-gespraech-mit-svenja-flasspoehler-100.html   Abruf   am 01.02.2019

Quilling, K. (2015): Lernstile und Lerntypen. www.die-bonn.de/wb/2015-lernstile-01.pdf Abruf am 03.02.2019

Schöcke, J. (2007): Zur Realität von Lernertypen. Eine empirische Untersuchung anhand von zwei für das Fremdsprachenlernen relevanten Stildimensionen. Dissertation. Fachbereich Germanistik und Kunstwissenschaften der Philipps-Universität Marburg. http://archiv.ub.uni-marburg.de/diss/z2008/0483/pdf/djs.pdf Abruf am 03.02.2019

Spektrum-Lexikon Psychologie https://www.spektrum.de/lexikon/psychologie/innerer-monolog/7195 Abruf am 01.02.2019

Stangl-Taller Arbeitsblätter. Online https://www.stangl-taller.at/ARBEITSBLAETTER/LERNEN/LernstileHoneyMumford.shtml Abruf am 17.03.2019

Suhrkamp Verlag, Autoren, Stanislaw Lem, Online: https://www.suhrkamp.de/autoren/stanislaw_lem_2858.html Abruf am 30.01.2019

Venth, A., Bergmiller, I., Botzat, T., Franz-Balsen, A., Riebe, H. (Hrsg.) (1999): Frauen lernen anders – Männer auch. Beiträge einer Fachtagung, 20. Und 21. November 1999, Burckhardthaus in Gelsenhausen. Internetservice des Deutschen Instituts für Erwachsenenbildung (DIE), Seite 79 : http://www.die-frankfurt.de/esprid/dokumente/doc-2000/venth00_02.doc. Dokument aus dem Internet-Service des Deutschen Instituts für Erwachsenenbildung e. V. – http://www.die-frankfurt.de/esprid. Da Projekt bereits abgeschlossen, der Text ist zu finden unter https://www.die-bonn.de/weiterbildung/literaturrecherche/Suchfunktion.aspx?Reihe=texte.online Abruf am 01.02.2019

Venth, A. (2007): Gender-Kontraste. Das Lernen von Männern und Frauen. Dokument aus der Reihe „DIE FAKTEN" des Deutschen Instituts für Erwachsenenbildung https://www.die-bonn.de/doks/venth0701.pdf Abruf am 06.01.2019

BEI GRIN MACHT SICH IHR WISSEN BEZAHLT

- Wir veröffentlichen Ihre Hausarbeit,
  Bachelor- und Masterarbeit

- Ihr eigenes eBook und Buch -
  weltweit in allen wichtigen Shops

- Verdienen Sie an jedem Verkauf

Jetzt bei www.GRIN.com hochladen und kostenlos publizieren